Angela Mackert

# Neuzeitliches Losbuch

Angela Mackert

# Neuzeitliches Losbuch
## Wahrsagespiel nach mittelalterlichem Vorbild

Bibliografische Information der Deutschen Nationalbibliothek:
Die Deutsche Nationalbibliothek verzeichnet diese Publikation
in der Deutschen Nationalbibliografie; detaillierte bibliografische
Daten sind im Internet über http://dnb.d-nb.de abrufbar.

Copyright 2013 Angela Mackert (Pseudonym: Kathrin Groje)
Erste Auflage 2013 by TextLustVerlag
Copyright © 2016 dieser Ausgabe by Angela Mackert
Alle Rechte vorbehalten. Nachdruck oder andere Verwertungen
– auch auszugsweise – nur mit Genehmigung des Verlags.
Redaktion: Angela Mackert
Lektorat: Ben B. Black
Cover-und Innengrafik: Crossvalley Smith
Coverlayout: Angela Mackert und Atelier Bonzai

Herstellung und Verlag: BoD - Books on Demand, Norderstedt
ISBN 978-3-7412-6321-7

**Angela Mackert**

www.angela-mackert.de


Die Autorin und der Verlag übernehmen keine Haftung für
Schäden irgendwelcher Art, die direkt oder indirekt mit einem
eventuell falsch verstandenen Gebrauch der Inhalte in diesem
Buch zusammenhängen. Die Nutzung und Anwendung der
Wahrsagespiele liegt ausschließlich in der Verantwortung des
Lesers.

# Inhalt:

**Vorwort** — 7
Die Bedeutung eines Orakels — 7
Umgang mit den Antworten — 8

**Das Los** — 11
Die Spielregeln — 11
Vorgehensweise — 11
Fragen, die dem Losbuch gestellt werden können — 12
Beispiele zur Fragenbeantwortung — 13

**Antworten – Teil 1: »Die zwölf Häuser«** — 15
Finden Sie die Hinweise zu Ihren Fragen — 16
Haus des Lebens (1) — 18
Haus der Beständigkeit (2) — 20
Haus der Stimmen (3) — 22
Haus der Gefühle (4) — 24
Haus der Kreativität (5) — 26
Haus der Arbeit (6) — 28
Haus der Liebe (7) — 30
Haus der Leidenschaft (8) — 32
Haus der Hoffnung (9) — 34
Haus der Ehre (10) — 36
Haus der Vision (11) — 38
Haus der Stille (12) — 40

**Antworten – Teil 2: »Schicksalsmächte«** — 42
Die Macht der Nornen — 42
Die Macht der Moiren — 43
Die Macht der Parzen — 44
Die Macht der Heimarmene — 46
Die Macht der Zorya — 47
Die Macht der Ananke — 49

| | |
|---|---|
| Die Macht der Dryaden | 51 |
| Die Macht der Circe | 52 |
| Die Macht der Tyche | 53 |
| Die Macht der Bethen | 55 |
| Die Macht der Phoibe | 56 |
| Die Macht der Asteria | 58 |
| Die Macht der Tris Laima | 60 |
| Die Macht der Fatua | 61 |
| Die Macht der Alpan | 63 |
| Die Macht der Fortuna | 65 |

**Antworten – Teil 3: »Die Anrufung«** 67
Die vier Elemente 67
Die vier Winde 68
Die vier Jahreszeiten 68
Die vier Erzengel 69
Die vier Evangelisten 70
Die vier edlen Wahrheiten 70
Die vier Naturkräfte 71
Die vier Astrologen 72
Die vier Gelehrten 72
Die vier Pharaonen 73
Die vier Feen 74
Die vier Naturgeister 74
Die vier Ritter 75
Die vier Sibyllen 76
Die vier Propheten 77
Die vier Patriarchen 77

**Das Tages-, Monats- und Jahresorakel** 79
Vorgehensweise 79
Ein Beispiel 79
Die Orakeltexte 81
Über die Autorin 102

# Vorwort

Dieses Buch knüpft an die frühen Losbücher an, deren Tradition bis weit ins Altertum zurückreicht, und die auch im späten Mittelalter noch sehr beliebt waren.

Es enthält im ersten Teil »Das Los« 144 Orakelsprüche (ab S. 11), die 16 mögliche Fragen beantworten, die sich wohl jeder Mensch schon einmal gestellt hat. Um auf Ihre aktuelle Frage einen persönlichen Wahrsagespruch zu erhalten, brauchen Sie neben dem Buch lediglich noch zwei Würfel, wie sie in jeder Spielesammlung enthalten sind.

Das Orakel im zweiten Teil des Buchs (ab Seite 79) ist nicht auf spezielle Fragen bezogen, sondern kann jederzeit als Tages-, Monats- oder Jahresorakel genutzt werden. Um Ihren Hinweis zu einem beliebigen, von Ihnen gewählten Zeitraum zu erhalten, brauchen Sie auch wieder nur zwei Würfel.

## Die Bedeutung eines Orakels

Der Begriff »Orakel« leitet sich aus dem lateinischen Verb »orare« ab, was soviel wie »reden« bedeutet. Das Orakel spricht in der Regel durch Zeichen, die nach altem Glauben göttliche Hinweise für die Zukunft des

Menschen enthalten. Diese Zeichen müssen jedoch erst gedeutet und auf das Leben des ratsuchenden Menschen übertragen werden. In alter Zeit waren dafür die Priester zuständig.

Aus der Antike sind uns noch heute einige Orakelstätten bekannt, wo Priester diese göttlichen Zeichen deuteten. Die bekannteste ist wohl das Orakel von Delfi, aber es gab noch viele weitere wie beispielsweise Ephyra, Klaros oder Olympia.

In diesen frühen Zeiten konnte man alle möglichen Dinge zum Orakeln nutzen. Man deutete den Vogelflug oder die Wolkenformationen. Sogar Blitz und Donner konnten Fragen beantworten. Lossprüche wie in diesem Buch, die man erwürfelte, waren ebenfalls bereits in der Antike bekannt, und auch das Werfen von Schafgarbenstäbchen oder anderen Gegenständen diente schon früh dazu, die Zukunft zu erhellen. Aus allen Kulturen sind uns Orakel überliefert, und auch ein paar wenige deutsche Losbücher in den Handschriften des 14. und 15. Jahrhunderts sind bis heute erhalten geblieben.

**Umgang mit den Antworten.**
Betrachten Sie das Würfeln Ihres Losspruchs als Spiel. Ihr Los, als Hinweis auf die Zukunft, ist nicht

immer fix, sondern kann sich ändern, wenn in der Zeit nach dem Würfeln des Losspruchs eine wichtige Entscheidung getroffen wird, die dem Thema eine neue Richtung vorgibt. Wenn jemand zum Beispiel bei der Frage: »Ob ein Vorhaben Erfolg haben wird« eine negative Antwort bekommt und sich dadurch angespornt fühlt, sein Vorhaben trotzdem zu erreichen, so kann er durch eine neue Herangehensweise vielleicht bessere Voraussetzungen für sein Projekt schaffen.

# Das Los

Mit diesem Wahrsagespiel können vorgegebene Fragen beantwortet werden. Ihr Los finden Sie, indem sie den Hinweisen ab Seite 15 folgen, die über drei Kapitel hinweg zu Ihrer Antwort führen.

**Die Spielregeln**
Es gibt 16 nummerierte Fragen, die durch das Losbuch beantwortet werden können, und insgesamt 144 Antworten. Den ersten Hinweis auf die Antwort gibt es im Kapitel »Antworten – Teil 1: Die zwölf Häuser«, die zu bestimmten Texten im Kapitel »Antworten – Teil 2: Schicksalsmächte« führen. Dort steht dann die konkrete Beantwortung der Frage oder — falls ein Weiterverweis erfolgt — im Kapitel »Antworten – Teil 3: Die Anrufung«.

**Vorgehensweise**
Wählen Sie eine Frage aus und merken Sie sich deren Nummer. Anschließend würfeln Sie mit zwei Würfeln und addieren deren Augenzahl. Eine Elf oder Zwölf hat keine Gültigkeit. In dem Fall würfeln Sie am nächsten Tag noch einmal.

Wenn Sie eine Zahl zwischen zwei und zehn erhalten haben, suchen Sie die Nummer Ihrer Frage im Kapitel »Antworten – Teil 1: Die zwölf Häuser« (Seite 15) und anschließend dazu die Zahl der gewürfelten Augen. Dies führt Sie zu einem bestimmten Haus.

Schauen Sie dort unter Ihrer Frage nach der Augenzahl und lassen Sie sich zu Ihrer »Schicksalsmacht« in »Antworten — Teil 2« leiten. Dort finden Sie die Antwort auf ihre Frage, oder – falls dies noch nicht möglich ist – folgen Sie den weiteren Anweisungen, bis Sie Ihren Losspruch haben.

**Fragen, die Sie dem Losbuch stellen können:**
1. Ob ein Vorhaben Erfolg haben wird.
2. Ob ein bestimmter Mensch zurückkommt.
3. Ob eine bestimmte Person zuverlässig ist.
4. Ob man einen Partner/eine Partnerin findet.
5. Ob man Kinder haben wird.
6. Ob man ein gutes Leben haben wird.
7. Ob man sich um etwas Bestimmtes bemühen soll.
8. Ob die finanzielle Situation besser wird.
9. Ob man im Leben Reichtum erwirbt.
10. Ob man im Glücksspiel gewinnt.

11. Ob man von seinen Sorgen befreit wird.
12. Ob man einen (neuen) Arbeitsplatz findet.
13. Ob man beruflich vorwärts kommt.
14. Ob ein Rechtsstreit vorteilhaft ist.
15. Ob ein verlorener Gegenstand wiedergefunden wird.
16. Ob man umziehen soll.

**Beispiele zur Fragenbeantwortung**

Simone will wissen, »Ob ein Vorhaben Erfolg haben wird.« Diese Frage hat die Nr. 1. Mit zwei Würfeln würfelt sie zusammengerechnet 8 Augen.

In »Antworten – Teil 1«, Seite 16, findet Simone folgende Anweisung: »Zur Beantwortung der Fragen Nr. 1, 5, 9 oder 13 gehe zum *Haus des Lebens*, wenn du 2, 5, oder 8 Augen gewürfelt hast.« Da die Frage die Nummer 1 hat und 8 Augen gewürfelt wurden, blättert Simone also wie angegeben bis zum *Haus des Lebens* auf Seite 18.

Im *Haus des Lebens* findet sie folgende Anweisung zur Frage Nr. 1 und 8 Augen gewürfelt: »Gehe zu *Phoibe* und lies das erste Orakel.«

Auf Seite 56 »Die Macht der Phoibe« findet Simone nun ihr Orakel: *»Für dein Vorhaben fehlt dir noch etwas, entweder Geld oder Wissen.«*

Ines stellt die Frage Nr. 15: »Ob ein verlorener Gegenstand wiedergefunden wird«. Mit zwei Würfeln würfelt sie 3 Augen.

In »Antworten — Teil 1«, Seite 17 findet Ines folgende Anweisung: »Zur Beantwortung der Fragen Nr. 3, 7, 11 oder 15 (die Nr. 15 ist ihre Frage) — gehe zum *Haus der Leidenschaft*, wenn du 3, 6 oder 9 Augen gewürfelt hast.«

Im *Haus der Leidenschaft*, Seite 32/33, findet Ines folgenden Hinweis für ihre Frage Nr. 15 und die drei Augen, die sie gewürfelt hat: »Gehe zu *Heimarmene* und lies das fünfte Orakel.«

Im Kapitel »Antworten — Teil 2« findet sie auf der Seite 46 »Die Macht der Heimarmene«. Beim 5. Orakel wird Ines weiterverwiesen an die Anrufung in Kapitel 3: »Gehe zu den vier Pharaonen und rufe Hatschepsut.«

Im Kapitel »Antworten — Teil 3« findet sie nun auf der Seite 73 ihr Los, verkündet von Hatschepsut. Es lautet: *»Der verlorene Gegenstand wird in Kürze gefunden werden.«*

# Antworten – Teil 1: »Die zwölf Häuser«

Die zwölf Häuser verweisen auf die Antworten zu den gestellten Fragen. Daneben enthalten sie einen Leitspruch, der den konkreten Hinweisen vorangestellt ist.

Dieser Rat kann mit der gestellten Frage in einem konkreten Zusammenhang stehen, muss es aber nicht.

Die Leittexte können Sie sich zu jeder Zeit und für jede Situation als gesonderten Hinweis erwürfeln.

Das geht so: Mit einem Würfel würfeln. Fällt dabei die 1, so ist Ihr Hinweis der Text im »Haus des Lebens« und Sie müssen nicht weiterwürfeln. Bei jeder anderen Zahl würfeln Sie noch einmal mit zwei Würfeln. Rechnen Sie die beiden Zahlen dieses Wurfs zusammen und suchen Sie das Haus, bei dem diese Zahl in Klammern hinter dem Namen steht.

Ein Beispiel: Der erste Wurf hat keine 1 ergeben, deshalb wurde mit zwei Würfeln noch einmal gewürfelt. Dieser Wurf ergab zusammengerechnet 8 Augen.

Der Leittext als Hinweis auf aktuelle Themen ist deshalb im *Haus der Leidenschaft (8)* zu finden. Die Zahl in der Klammer entspricht den gewürfelten Augen.

**Finden Sie die Hinweise zu Ihren Fragen**

Um eine Antwort auf Ihre Frage zu erhalten, müssen Sie den Anweisungen in diesem Buch folgen. Diese beginnen in diesem Kapitel und führen Sie zunächst in ein bestimmtes Haus. Nutzen Sie die Inhaltsangabe auf Seite 5, um schnell die richtige Stelle im Buch zu finden.

Zur Beantwortung der Fragen Nr. 1, 5, 9 oder 13
- ➢ gehe zum *Haus des Lebens* , wenn du 2, 5 oder 8 Augen gewürfelt hast.
- ➢ gehe zum *Haus der Beständigkeit*, wenn du 3, 6 oder 9 Augen gewürfelt hast.
- ➢ gehe zum *Haus der Stimmen*, wenn du 4, 7 oder 10 Augen gewürfelt hast.

Zur Beantwortung der Fragen Nr. 2, 6, 10 oder 14
- ➢ gehe zum *Haus der Gefühle*, wenn du 2, 5 oder 8 Augen gewürfelt hast.
- ➢ gehe zum *Haus der Kreativität*, wenn du 3, 6 oder 9 Augen gewürfelt hast.
- ➢ gehe zum *Haus der Arbeit*, wenn du 4, 7 oder 10 Augen gewürfelt hast.

Zur Beantwortung der Fragen Nr. 3, 7, 11 oder 15
- ➢ gehe zum *Haus der Liebe*, wenn du 2, 5 oder 8 Augen gewürfelt hast.
- ➢ gehe zum *Haus der Leidenschaft*, wenn du 3, 6 oder 9 Augen gewürfelt hast.
- ➢ gehe zum *Haus der Hoffnung*, wenn du 4, 7 oder 10 Augen gewürfelt hast.

Zur Beantwortung der Fragen Nr. 4, 8, 12 oder 16
- ➢ gehe zum *Haus der Ehre*, wenn du 2, 5 oder 8 Augen gewürfelt hast.
- ➢ gehe zum *Haus der Vision*, wenn du 3, 6 oder 9 Augen gewürfelt hast.
- ➢ gehe zum *Haus der Stille*, wenn du 4, 7 oder 10 Augen gewürfelt hast.

## Haus des Lebens (1)

*»Ich sage dir: Hell und dunkel zugleich ist das Leben. Doch gehe furchtlos deinen Weg, denn du trägst ein Licht in dir, das Schatten vertreibt und dich zu führen vermag. – Für die Antwort auf deine Frage folge meinen Anweisungen.«*


*Frage Nr. 1: Ob ein Vorhaben Erfolg haben wird.*
2 Augen gewürfelt:
 ➢ Gehe zu den Nornen –und lies das erstes Orakel.
5 Augen gewürfelt:
 ➢ Gehe zu Ananke und lies das erste Orakel.
8 Augen gewürfelt:
 ➢ Gehe zu Phoibe und lies das erste Orakel.

*Frage Nr. 5: Ob man Kinder haben wird.*
2 Augen gewürfelt:
 ➢ Gehe zu den Nornen und lies das zweite Orakel.
5 Augen gewürfelt:
 ➢ Gehe zu Ananke und lies das zweite Orakel.
8 Augen gewürfelt:
 ➢ Gehe zu Asteria und lies das erste Orakel.

*Frage Nr. 9: Ob man im Leben Reichtum erwirbt.*
2 Augen gewürfelt:
 ➢ Gehe zu den Nornen und lies das dritte Orakel.

5 Augen gewürfelt:
> ➢ Gehe zu den Dryaden und lies das erste Orakel.

8 Augen gewürfelt:
> ➢ Gehe zu Asteria und lies das zweite Orakel.

*Frage Nr. 13: Ob man beruflich vorwärts kommt.*

2 Augen gewürfelt:
> ➢ Gehe zu den Moiren und lies das erste Orakel.

5 Augen gewürfelt:
> ➢ Gehe zu den Dryaden und lies das fünfte Orakel.

8 Augen gewürfelt:
> ➢ Gehe zu den Tris Laima und lies das erste Orakel.

## Haus der Beständigkeit (2)

*»Ich sage dir: Mutter Erde gibt dir, was du für dein Leben brauchst. Geh achtsam mit ihren Gaben um, und verfalle weder dem Geiz noch der Gier. – Für die Antwort auf deine Frage folge meinen Anweisungen.«*


*Frage Nr. 1: Ob ein Vorhaben Erfolg haben wird.*
3 Augen gewürfelt:
 ➢ Gehe zu den Moiren und lies das zweite Orakel.
6 Augen gewürfelt:
 ➢ Gehe zu Circe und lies das erste Orakel.
9 Augen gewürfelt:
 ➢ Gehe zu den Tris Laima, lies das zweite Orakel.

*Frage Nr. 5: Ob man Kinder haben wird.*
3 Augen gewürfelt:
 ➢ Gehe zu den Parzen und lies das erste Orakel.
6 Augen gewürfelt:
 ➢ Gehe zu Phoibe und lies das zweite Orakel.
9 Augen gewürfelt:
 ➢ Gehe zu den Tris Laima, lies das dritte Orakel.

*Frage Nr. 9: Ob man im Leben Reichtum erwirbt.*
3 Augen gewürfelt:
 ➢ Gehe zu den Parzen und lies das zweite Orakel.

6 Augen gewürfelt:
> ➢ Gehe zu Tyche und lies das erste Orakel.

9 Augen gewürfelt:
> ➢ Gehe zu Fatua und lies das erste Orakel.

*Frage Nr. 13: Ob man beruflich vorwärts kommt.*

3 Augen gewürfelt:
> ➢ Gehe zu Heimarmene und lies das erste Orakel.

6 Augen gewürfelt:
> ➢ Gehe zu Tyche und lies das zweite Orakel.

9 Augen gewürfelt:
> ➢ Gehe zu den Fatua und lies das zweite Orakel.

# Haus der Stimmen (3)

*»Ich sage dir: Sprich mit deinen Mitmenschen und vor allem höre ihnen zu. Sieh auf niemanden von oben herab, denn ein jeder kann dich etwas lehren. – Für die Antwort auf deine Frage folge meinen Anweisungen.«*


*Frage Nr. 1: Ob ein Vorhaben Erfolg haben wird.*
4 Augen gewürfelt:
  ➢ Gehe zu Heimarmene und lies das zweite Orakel.
7 Augen gewürfelt:
  ➢ Gehe zu Tyche und lies das dritte Orakel.
10 Augen gewürfelt:
  ➢ Gehe zu Alpan und lies das erste Orakel.

*Frage Nr. 5: Ob man Kinder haben wird.*
4 Augen gewürfelt:
  ➢ Gehe zu den Zorya und lies das erste Orakel.
7 Augen gewürfelt:
  ➢ Gehe zu den Bethen und lies das erste Orakel.
10 Augen gewürfelt:
  ➢ Gehe zu Alpan und lies das zweite Orakel.

*Frage Nr. 9: Ob man im Leben Reichtum erwirbt.*
4 Augen gewürfelt:
  ➢ Gehe zu den Zorya und lies das zweite Orakel.

7 Augen gewürfelt:

➢ Gehe zu den Bethen und lies das zweite Orakel.

10 Augen gewürfelt:

➢ Gehe zu Fortuna und lies das erste Orakel.

*Frage Nr. 13: Ob man beruflich vorwärts kommt.*

4 Augen gewürfelt:

➢ Gehe zu den Zorya und lies das achte Orakel.

7 Augen gewürfelt:

➢ Gehe zu Phoibe und lies das neunte Orakel.

10 Augen gewürfelt:

➢ Gehe zu Fortuna und lies das zweite Orakel.

**Haus der Gefühle (4)**

*»Ich sage dir: Dein Fühlen soll sein wie eine erfrischende Quelle, wie ein strömender Fluss, wie ein tiefer See, wie das Meer in Ebbe und Flut. – Für die gesuchte Antwort folge meinen Anweisungen.«*


*Frage Nr. 2: Ob ein bestimmter Mensch zurückkommt.*
2 Augen gewürfelt:
 ➢ Gehe zu den Nornen und lies das vierte Orakel.
5 Augen gewürfelt:
 ➢ Gehe zu Ananke und lies das dritte Orakel.
8 Augen gewürfelt:
 ➢ Gehe zu Phoibe und lies das dritte Orakel.


*Frage Nr. 6: Ob man ein gutes Leben haben wird.*
2 Augen gewürfelt:
 ➢ Gehe zu den Nornen und lies das fünfte Orakel.
5 Augen gewürfelt:
 ➢ Gehe zu Ananke und lies das vierte Orakel.
8 Augen gewürfelt:
 ➢ Gehe zu Asteria und lies das dritte Orakel.


*Frage Nr. 10: Ob man im Glücksspiel gewinnt.*
2 Augen gewürfelt:
 ➢ Gehe zu den Moiren und lies das dritte Orakel.

5 Augen gewürfelt:
> ➢ Gehe zu den Dryaden und lies das dritte Orakel.

8 Augen gewürfelt:
> ➢ Gehe zu Asteria und lies das vierte Orakel.

*Frage Nr. 14: Ob ein Rechtsstreit vorteilhaft ist.*

2 Augen gewürfelt:
> ➢ Gehe zu den Moiren und lies das vierte Orakel.

5 Augen gewürfelt:
> ➢ Gehe zu den Dryaden und lies das vierte Orakel.

8 Augen gewürfelt:
> ➢ Gehe zu den Tris Laima und lies das vierte Orakel.

## Haus der Kreativität (5)

*»Ich sage dir: Sei unvoreingenommen! Du hast Fähigkeiten, die du kennenlernen sollst. Spiele mit den Möglichkeiten und probiere dich aus. – Für die Antwort auf deine Frage folge meinen Anweisungen.«*


*Frage Nr. 2: Ob ein bestimmter Mensch zurückkommt.*
3 Augen gewürfelt:
  ➢ Gehe zu den Moiren und lies das fünfte Orakel.
6 Augen gewürfelt:
  ➢ Gehe zu Circe und lies das dritte Orakel.
9 Augen gewürfelt:
  ➢ Gehe zu den Tris Laima, lies das fünfte Orakel.

*Frage Nr. 6: Ob man ein gutes Leben haben wird.*
3 Augen gewürfelt:
  ➢ Gehe zu den Parzen und lies das dritte Orakel.
6 Augen gewürfelt:
  ➢ Gehe zu Circe und lies das vierte Orakel.
9 Augen gewürfelt:
  ➢ Gehe zu Fatua und lies das dritte Orakel.

*Frage Nr. 10: Ob man im Glücksspiel gewinnt.*
3 Augen gewürfelt:
  ➢ Gehe zu den Parzen und lies das vierte Orakel.

6 Augen gewürfelt:
> ➢ Gehe zu Tyche und lies das vierte Orakel.

9 Augen gewürfelt:
> ➢ Gehe zu Fatua und lies das vierte Orakel.

*Frage Nr. 14: Ob ein Rechtsstreit vorteilhaft ist.*

3 Augen gewürfelt:
> ➢ Gehe zu Heimarmene und lies das dritte Orakel.

6 Augen gewürfelt:
> ➢ Gehe zu Tyche und lies das fünfte Orakel.

9 Augen gewürfelt:
> ➢ Gehe zu Fatua und lies das fünfte Orakel.

## Haus der Arbeit (6)

*»Ich sage dir: In der täglichen Pflichterfüllung liegt Zufriedenheit. Aber du musst unterscheiden, was dir und anderen Nutzen bringt und was dir und anderen schadet. – Für die Antwort auf deine Frage folge meinen Anweisungen.«*


*Frage Nr. 2: Ob ein bestimmter Mensch zurückkommt.*
4 Augen gewürfelt:
➢ Gehe zu Heimarmene und lies das vierte Orakel.
7 Augen gewürfelt:
➢ Gehe zu den Bethen und lies das dritte Orakel.
10 Augen gewürfelt:
➢ Gehe zu Alpan und lies das dritte Orakel.

*Frage Nr. 6: Ob man ein gutes Leben haben wird.*
4 Augen gewürfelt:
➢ Gehe zu den Zorya und lies das vierte Orakel.
7 Augen gewürfelt:
➢ Gehe zu den Bethen und lies das vierte Orakel.
10 Augen gewürfelt:
➢ Gehe zu Alpan und lies das vierte Orakel.

*Frage Nr. 10: Ob man im Glücksspiel gewinnt.*
4 Augen gewürfelt:
➢ Gehe zu den Zorya und lies das fünfte Orakel.

7 Augen gewürfelt:
> ➢ Gehe zu den Bethen und lies das fünfte Orakel.

10 Augen gewürfelt:
> ➢ Gehe zu Fortuna und lies das dritte Orakel.

*Frage Nr. 14: Ob ein Rechtsstreit vorteilhaft ist.*

4 Augen gewürfelt:
> ➢ Gehe zu Ananke und lies das fünfte Orakel.

7 Augen gewürfelt:
> ➢ Gehe zu Phoibe und lies das vierte Orakel.

10 Augen gewürfelt:
> ➢ Gehe zu Fortuna und lies das vierte Orakel.

## Haus der Liebe (7)

*»Ich sage dir: Liebe soll dein Leben zu jeder Zeit durchströmen. Behalte sie nicht für dich allein. Teile sie! Dann wird sie sich mehren und der Welt ein Licht sein. – Für deine Antwort folge den Anweisungen.«*


*Frage Nr. 3: Ob eine bestimmte Person zuverlässig ist.*
2 Augen gewürfelt:
  ➢ Gehe zu den Nornen, lies das sechste Orakel.
5 Augen gewürfelt:
  ➢ Gehe zu Ananke und lies das sechste Orakel.
8 Augen gewürfelt:
  ➢ Gehe zu Phoibe und lies das fünfte Orakel.

*Frage Nr. 7: Ob man sich um etwas Bestimmtes bemühen soll.*
2 Augen gewürfelt:
  ➢ Gehe zu den Nornen und lies das siebte Orakel.
5 Augen gewürfelt:
  ➢ Gehe zu den Dryaden und lies das zweite Orakel.
8 Augen gewürfelt:
  ➢ Gehe zu Asteria und lies das fünfte Orakel.

*Frage Nr. 11: Ob man von seinen Sorgen befreit wird.*
2 Augen gewürfelt:
  ➢ Gehe zu den Moiren und lies das sechste Orakel.

5 Augen gewürfelt:
- ➢ Gehe zu den Dryaden und lies das sechste Orakel.

8 Augen gewürfelt:
- ➢ Gehe zu Asteria und lies das sechste Orakel.

*Frage Nr. 15: Ob ein verlorener Gegenstand wiedergefunden wird.*

2 Augen gewürfelt:
- ➢ Gehe zu den Moiren und lies das siebte Orakel.

5 Augen gewürfelt:
- ➢ Gehe zu den Dryaden und lies das siebte Orakel.

8 Augen gewürfelt:
- ➢ Gehe zu den Tris Laima, lies das sechste Orakel.

## Haus der Leidenschaft (8)

*»Ich sage dir: Anfang und Ende sind eins im endlos sich drehenden Kreis. Lass dich vom Leben entzünden und gehe durch die Feuer des Todes, die dir die Kraft geben, um über dich selbst hinauszuwachsen. – Für die Antwort auf deine Frage folge meinen Anweisungen.«*


*Frage Nr. 3: Ob eine bestimmte Person zuverlässig ist.*
3 Augen gewürfelt:
- ➢ Gehe zu den Parzen und lies dort das fünfte Orakel.

6 Augen gewürfelt:
- ➢ Gehe zu Circe und lies das fünfte Orakel

9 Augen gewürfelt:
- ➢ Gehe zu Tris Laima und lies dort das siebte Orakel.


*Frage Nr. 7: Ob man sich um etwas Bestimmtes bemühen soll.*
3 Augen gewürfelt:
- ➢ Gehe zu den Parzen und lies dort das sechste Orakel.

6 Augen gewürfelt:
- ➢ Gehe zu Circe und lies das zweite Orakel.

9 Augen gewürfelt:
- ➢ Gehe zu Fatua und lies das sechste Orakel.

*Frage Nr. 11: Ob man von seinen Sorgen befreit wird*
3 Augen gewürfelt:
> ➢ Gehe zu den Parzen und lies das siebte Orakel.

6 Augen gewürfelt:
> ➢ Gehe zu Tyche und lies das sechste Orakel.

9 Augen gewürfelt:
> ➢ Gehe zu Fatua und lies das siebte Orakel.

*Frage Nr. 15: Ob ein verlorener Gegenstand wiedergefunden wird.*
3 Augen gewürfelt:
> ➢ Gehe zu Heimarmene und lies das fünfte Orakel.

6 Augen gewürfelt:
> ➢ Gehe zu Tyche und lies das siebte Orakel.

9 Augen gewürfelt:
> ➢ Gehe zu Alpan und lies das fünfte Orakel.

## Haus der Hoffnung (9)

*»Ich sage dir: Jede Nacht geht zu Ende und gebiert einen neuen Tag. Glaube an das Licht, halte es fest, damit es dir in schweren Zeiten über den Berg hilft, hinter dem die Sonne aufgeht. – Für die Antwort auf deine Frage folge meinen Anweisungen.«*


*Frage Nr. 3: Ob eine bestimmte Person zuverlässig ist.*
4 Augen gewürfelt:
 ➢ Gehe zu Heimarmene, lies das sechste Orakel.
7 Augen gewürfelt:
 ➢ Gehe zu den Bethen und lies das sechste Orakel.
10 Augen gewürfelt:
 ➢ Gehe zu Alpan und lies das sechste Orakel.

*Frage Nr. 7: Ob man sich um etwas Bestimmtes bemühen soll.*
4 Augen gewürfelt:
 ➢ Gehe zu den Zorya und lies das sechste Orakel.
7 Augen gewürfelt:
 ➢ Gehe zu den Bethen und lies das siebte Orakel.
10 Augen gewürfelt:
 ➢ Gehe zu Alpan und lies das siebte Orakel.

*Frage Nr. 11: Ob man von seinen Sorgen befreit wird*
4 Augen gewürfelt:
 ➢ Gehe zu Ananke und lies das siebte Orakel.

7 Augen gewürfelt:
> ➢ Gehe zu Phoibe und lies das sechste Orakel.

10 Augen gewürfelt:
> ➢ Gehe zu Fortuna und lies das fünfte Orakel.

*Frage Nr. 15: Ob ein verlorener Gegenstand wiedergefunden wird.*

4 Augen gewürfelt:
> ➢ Gehe zu Ananke und lies das achte Orakel.

7 Augen gewürfelt:
> ➢ Gehe zu Phoibe und lies das siebte Orakel.

10 Augen gewürfelt:
> ➢ Gehe zu Fortuna und lies das sechste Orakel.

## Haus der Ehre (10)

*»Ich sage dir: Jeder Mensch hinterlässt durch sein Handeln Spuren auf dieser Welt. Lebe so, dass es dir zur Ehre gereicht und deine Spuren anderen leuchten. – Für deine Antwort folge meinen Anweisungen.«*


*Frage Nr. 4: Ob man einen Partner/eine Partnerin findet.*
2 Augen gewürfelt:
➢ Gehe zu den Nornen und lies das achte Orakel.
5 Augen gewürfelt:
➢ Gehe zu Ananke und lies das neunte Orakel.
8 Augen gewürfelt:
➢ Gehe zu Asteria und lies das siebte Orakel.

*Frage Nr. 8: Ob die finanzielle Situation besser wird.*
2 Augen gewürfelt:
➢ Gehe zu den Nornen und lies das neunte Orakel.
5 Augen gewürfelt:
➢ Gehe zu Dryaden und lies das achte Orakel.
8 Augen gewürfelt:
➢ Gehe zu Asteria und lies das achte Orakel.

*Frage Nr. 12: Ob man einen (neuen) Arbeitsplatz findet.*
2 Augen gewürfelt:
➢ Gehe zu den Moiren und lies das achte Orakel.

5 Augen gewürfelt:
> ➢ Gehe zu den Dryaden und lies das neunte Orakel.

8 Augen gewürfelt:
> ➢ Gehe zu Asteria und lies das neunte Orakel.

*Frage Nr. 16: Ob man umziehen soll.*

2 Augen gewürfelt:
> ➢ Gehe zu den Moiren und lies das neunte Orakel.

5 Augen gewürfelt:
> ➢ Gehe zu Circe und lies das siebte Orakel.

8 Augen gewürfelt:
> ➢ Gehe zu Fortuna und lies das neunte Orakel.

## Haus der Vision (11)

*»Ich sage dir: Die Zukunft ist ein Bild in deinem Kopf. Wenn du etwas in deinem Leben verändern willst, dann male ein Wunschbild und lenke deine Schritte in die Verwirklichung der Vision. – Für deine Antwort folge meinen Anweisungen.«*

*Frage Nr. 4: Ob man einen Partner/eine Partnerin findet.*
3 Augen gewürfelt:
> Gehe zu den Parzen und lies das achte Orakel.

6 Augen gewürfelt:
> Gehe zu Circe und lies das achte Orakel.

9 Augen gewürfelt:
> Gehe zu den Tris Laima, lies das neunte Orakel.

*Frage Nr. 8: Ob die finanzielle Situation besser wird.*
3 Augen gewürfelt:
> Gehe zu den Parzen und lies das neunte Orakel.

6 Augen gewürfelt:
> Gehe zu Circe und lies das neunte Orakel.

9 Augen gewürfelt:
> Gehe zu Fatua und lies das achte Orakel.

*Frage Nr. 12: Ob man einen (neuen) Arbeitsplatz findet.*
3 Augen gewürfelt:
> Gehe zu Heimarmene und lies das siebte Orakel.

6 Augen gewürfelt:
- ➢ Gehe zu Tyche und lies das achte Orakel.

9 Augen gewürfelt:
- ➢ Gehe zu Fatua und lies das neunte Orakel.

*Frage Nr. 16: Ob man umziehen soll.*

3 Augen gewürfelt:
- ➢ Gehe zu Heimarmene und lies das achte Orakel.

6 Augen gewürfelt:
- ➢ Gehe zu Tyche und lies das neunte Orakel.

9 Augen gewürfelt:
- ➢ Gehe zu Alpan und lies das achte Orakel.

## Haus der Stille (12)

*»Ich sage dir: Wenn der Lärm der Welt das Drängen deiner Seele übertönt, brauchst du einen Ort, an dem du zu dir selbst finden kannst. Werde still und lausche deiner innere Stimme. – Für die Antwort auf deine Frage folge meinen Anweisungen.«*


*Frage Nr. 4: Ob man einen Partner/eine Partnerin findet.*
4 Augen gewürfelt:
> ➢ Gehe zu Heimarmene, lies das neunte Orakel.

7 Augen gewürfelt:
> ➢ Gehe zu den Bethen und lies das achte Orakel.

10 Augen gewürfelt:
> ➢ Gehe zu Alpan und lies das neunte Orakel.

*Frage Nr. 8: Ob die finanzielle Situation besser wird.*
4 Augen gewürfelt:
> ➢ Gehe zu den Zorya und lies das siebte Orakel.

7 Augen gewürfelt:
> ➢ Gehe zu den Bethen und lies das neunte Orakel.

10 Augen gewürfelt:
> ➢ Gehe zu Fortuna und lies das siebte Orakel.

*Frage Nr. 12: Ob man einen (neuen) Arbeitsplatz findet.*
4 Augen gewürfelt:
> ➢ Gehe zu den Zorya und lies das dritte Orakel.

7 Augen gewürfelt:
- ➢ Gehe zu Phoibe und lies das achte Orakel.

10 Augen gewürfelt:
- ➢ Gehe zu Fortuna und lies das achte Orakel.

*Frage Nr. 16: Ob man umziehen soll.*

4 Augen gewürfelt:
- ➢ Gehe zu den Zorya und lies das neunte Orakel.

7 Augen gewürfelt:
- ➢ Gehe zu Circe und lies das sechste Orakel.

10 Augen gewürfelt:
- ➢ Gehe zu den Tris Laima und lies das achte Orakel.

## Antworten – Teil 2: »Schicksalsmächte«

Die Schicksalsmächte geben Antworten, jedoch nicht auf alle Fragen. Es kann sein, dass sie den Antwort suchenden an die Anrufung in Teil 3 weiterverweisen, wo dann erst das Los des Fragenden verkündet wird.

### Die Macht der Nornen

1. Orakel: Suche dir Unterstützung, dann wirst du mit dem Vorhaben Erfolg haben.

2. Orakel: Du wirst Kinder haben.

3. Orakel: Gehe zu den vier Elementen und frage das Feuer.

4. Orakel: Warte nicht auf den Menschen, denn eure Seelen sind nicht verbunden.

5. Orakel: Gehe zu den vier Jahreszeiten und frage den Frühling.

6. Orakel: Sie ist zuverlässig in Geldangelegenheiten.

7. Orakel: Gehe zu den vier Astrologen und rufe Johannes Keppler an.

8. Orakel: Du wirst einen Partner/eine Partnerin finden, aber wann, ist ungewiss.

9. Orakel: Deine finanzielle Situation wird sich verbessern, wenn du sparst.

✰ ✰ ✰ ✰ ✰

**Die Macht der Moiren**

1. Orakel: Wenn du dich weiterbildest, wirst du beruflich vorwärts kommen.

2. Orakel: Du wirst mit dem Vorhaben Erfolg haben, wenn du nicht leichtsinnig wirst.

3. Orakel: Gehe zu den vier Jahreszeiten und frage den Herbst.

4. Orakel: Ein Rechtsstreit wird dich viel Geld kosten.

5. Orakel: Gehe zu den vier Jahreszeiten und rufe den Winter an.

6. Orakel: Deine Sorgen werden vorübergehen. Denke positiv!

7. Orakel: Gehe zu den vier Naturkräften und rufe die Schwache Kernkraft an.

8. Orakel: Lass nicht nach, dich um Arbeit zu bewerben, dann wirst du Erfolg haben.

9. Orakel: Gehe zu den vier Rittern und frage den Galahad.

☆ ☆☆ ☆ ☆

**Die Macht der Parzen**

1. Orakel: Bald. Vielleicht ist schon eines unterwegs.

2. Orakel: Du wirst Reichtum erwerben, doch welcher Art ist ungewiss. Es kann Geld sein, Wissen oder Erfahrung.

3. Orakel: Gehe zu den vier Erzengeln und rufe Uriel an.

4. Orakel: Du gewinnst mit kleinem Einsatz eine große Summe.

5. Orakel: Gehe zu den vier Naturkräften und rufe den Elektromagnetismus an.

6. Orakel: Wer nichts wagt, kann auch nichts gewinnen. Darum bemühe dich, aber frage nicht nach dem Ergebnis.

7. Orakel: Gehe zu den vier Gelehrten und rufe Seneca an.

8. Orakel: Lerne allein zu leben, dann ergibt sich alles von selbst.

9. Orakel: Gehe zu den vier Sibyllen und frage die persische Sibylle.

## Die Macht der Heimarmene

1. Orakel: Wenn du zuverlässig arbeitest, kommst du beruflich vorwärts.

2. Orakel: Dein Vorhaben wird scheitern.

3. Orakel: Gehe zu den vier Evangelisten und rufe Markus an.

4. Orakel: Die Person hat sich zurückgezogen und kommt nicht wieder.

5. Orakel: Gehe zu den vier Pharaonen und rufe Hatschepsut an.

6. Orakel: Die Person passt nicht zu dir.

7. Orakel: Gehe zu den vier Sibyllen und frage die Sibylle von Cumae.

8. Orakel: Finde heraus, was du willst. Für einen Umzug ist die Zeit nicht reif.

9. Orakel: Gehe zu den vier Propheten und frage Jeremia.

## Die Macht der Zorya

1. Orakel: Du solltest erst andere Voraussetzungen schaffen, ehe du die Frage nach Kindern stellst.

2. Orakel: Warum fragst du das? Dir ist Reichtum doch gar nicht wichtig.

3. Orakel: Gehe zu den vier Winden und frage den Ostwind.

4. Orakel: Du wirst im Leben alles bekommen, was du brauchst.

5. Orakel: Gehe zu den vier Evangelisten und rufe Matthäus an.

6. Orakel: Bemühe dich, hab Selbstvertrauen und gib nicht gleich auf.

7. Orakel: Gehe zu den vier Propheten und frage Hesekiel.

8. Orakel: Du bemühst dich nicht genug. Finde heraus, was dir wichtig ist.

9. Orakel: Ziehe dann um, wenn es für dich stimmig scheint.

**Die Macht der Ananke**

1. Orakel:  Du wirst deine Meinung zu dem Vorhaben ändern.

2. Orakel:  Du solltest erst selbst erwachsen werden, ehe du über Kinder nachdenkst.

3. Orakel:  Gehe zu den vier Winden und frage den Westwind.

4. Orakel:  In deinem Leben wird es überraschende Wendungen geben, die gut für dich sind.

5. Orakel:  Gehe zu den vier Evangelisten und rufe Lukas an.

6. Orakel:  Die Person ist sehr zuverlässig.

7. Orakel:  Gehe zu den vier Feen und frage Holda.

8. Orakel:  Der Gegenstand ist nicht verloren gegangen. Mach die Augen auf und denke nach!

9. Orakel: Gehe zu den vier Naturgeistern und rufe die Korrigan an.

## Die Macht der Dryaden

1. Orakel: Du bist reich, schau nur genau hin.

2. Orakel: Du trittst auf der Stelle. Frage dich, was du willst, und entscheide dich.

3. Orakel: Gehe zu den vier Erzengeln und frage Michael.

4. Orakel: Du wirst zu deinem Recht kommen.

5. Orakel: Gehe zu den vier Naturkräften und rufe die Starke Kernkraft an.

6. Orakel: Du kannst deine Sorgen loswerden, aber es gelingt nicht ohne dein Zutun.

7. Orakel: Gehe zu den vier Gelehrten und rufe Aristoteles an.

8. Orakel: Begreife den Ernst der Lage und suche dir einen professionellen Berater.

9. Orakel: Gehe zu den vier Naturgeistern und frage den Djinn.

## Die Macht der Circe

1. Orakel: Es ist nicht der richtige Zeitpunkt, um ein neues Vorhaben zu beginnen.

2. Orakel: Dir fehlen Voraussetzungen. Kläre das ab, ehe du dich engagierst.

3. Orakel: Gehe zu den vier Erzengeln und rufe Gabriel an.

4. Orakel: Dein Leben wird glücklich verlaufen, aber hüte dich vor Extremen.

5. Orakel: Gehe zu den vier Gelehrten und rufe Platon an.

6. Orakel: Was soll dir der Umzug bringen?

7. Orakel: Gehe zu den vier Sibyllen und frage die Sibylle von Delphi.

8. Orakel: Die Zeit ist reif.

9. Orakel: Gehe zu den vier Propheten und frage Jesaja

## Die Macht der Tyche

1. Orakel: Richte dein Streben nicht allein auf den Mammon, es würde dir schaden.

2. Orakel: Du wirst zufrieden sein, wenn du einen Beruf ausübst, der deinen Fähigkeiten entspricht.

3. Orakel: Gehe zu den vier Winden und frage den Südwind.

4. Orakel: Du sollst nicht spielen, sondern arbeiten.

5. Orakel: Gehe zu den vier Edlen Wahrheiten und rufe Dukkha an.

6. Orakel: Es wird nicht einfach werden, du brauchst professionelle Hilfe.

7. Orakel: Gehe zu den vier Feen und frage Melusine.

8. Orakel: Du wirst schneller einen Arbeitsplatz finden, als du denkst.

9. Orakel:  Gehe zu den vier Sibyllen und frage
            die Sibylle von Erythrai.

## Die Macht der Bethen

1. Orakel:   Es wird ein Mädchen.

2. Orakel:   Du wirst arbeiten und zufrieden sein.

3. Orakel:   Gehe zu den vier Edlen Wahrheiten und rufe Samudaya an.

4. Orakel:   Dein Leben wird von Glücksfällen bestimmt sein.

5. Orakel:   Gehe zu den vier Edlen Wahrheiten und rufe Nirodha an.

6. Orakel:   Die Person ist sogar zuverlässiger, als du denkst.

7. Orakel:   Gehe zu den vier Pharaonen und frage Kleopatra.

8. Orakel:   Eine feste Partnerschaft kommt erst in späteren Jahren.

9. Orakel:   Gehe zu den vier Patriarchen und frage den Isaak.

## Die Macht der Phoibe

1. Orakel: Für dein Vorhaben fehlt dir noch etwas, entweder Geld oder Wissen.

2. Orakel: Wenn die Zeit reif ist und du es willst, wirst du Kinder haben.

3. Orakel: Die Person kommt nicht zurück, doch es geht ihr gut.

4. Orakel: Gehe zu den vier Astrologen und frage Placidus de Titis.

5. Orakel: Gehe zu den vier Edlen Wahrheiten und rufe Magga an.

6. Orakel: Du machst dir mehr Sorgen als notwendig. Schau nach vorne und vertraue deiner inneren Führung!

7. Orakel: Gehe zu den vier Feen und frage Titania.

8. Orakel: Du lähmst dich selbst. Arbeit findest du jederzeit, wenn du es wirklich willst.

9. Orakel: Gehe zu den vier Patriarchen und frage Jacob.

**Die Macht der Asteria**

1. Orakel: Kinder sind das Glück deines Lebens, sie profitieren von dir und du von ihnen, und so magst du auch einem elternlosen Kind ein Heim geben.

2. Orakel: Gehe zu den vier Elementen und frage die Luft.

3. Orakel: Gehe zu den vier Jahreszeiten und frage den Sommer.

4. Orakel: Du musst dir ein Limit setzen. Wenn du nicht rechtzeitig aufhörst, wirst du mehr verlieren, als du verkraftest. Sei vorsichtig!

5. Orakel: Geh zu den vier Gelehrten und rufe Sokrates an.

6. Orakel: Du wirst von deinen Sorgen befreit, aber nicht so bald.

7. Orakel: Gehe zu den vier Rittern und frage Lancelot.

8. Orakel: Deine finanzielle Situation ist nicht so schlecht, aber deine Angst sitzt tief.

9. Orakel: Gehe zu den vier Rittern und frage den Gawein.

**Die Macht der Tris Laima**

1. Orakel: Du hast Führungsqualitäten, nutze sie!

2. Orakel: Gehe zu den vier Elementen und frage das Wasser.

3. Orakel: Gehe zu den vier Elementen und frage die Erde.

4. Orakel: Ein Gerichtsverfahren bringt dir nichts Gutes. Verhalte dich vorsichtig.

5. Orakel: Gehe zu den vier Evangelisten und rufe Johannes an.

6. Orakel: Das Verlorene wird sich nach längerer Zeit wiederfinden.

7. Orakel: Gehe zu den vier Pharaonen und frage Tutanchamun.

8. Orakel: Du brauchst die Veränderung.

9. Orakel: Gehe zu den vier Rittern und frage Parzival.

**Die Macht der Fatua**

1. Orakel: Du wirst reich sein, doch gib auch denen, die weniger glücklich sind, damit du nicht am Ende mit leeren Händen dastehst.

2. Orakel: Gehe zu den vier Winden und frage den Nordwind.

3. Orakel: Gehe zu den vier Erzengeln und rufe Raphael an.

4. Orakel: Du kannst spielen und wirst auch gewinnen, aber es lohnt sich kaum.

5. Orakel: Gehe zu den vier Naturkräften und rufe die Gravitation an.

6. Orakel: Es fällt dir fast von allein zu.

7. Orakel: Gehe zu den vier Pharaonen und rufe Ramses an.

8. Orakel: Eine unerwartete Zuwendung erlaubt dir einen kleinen Luxus.

9. Orakel: Gehe zu den vier Patriarchen und frage Moses.

**Die Macht der Alpan**

1. Orakel: Du wirst dein Vorhaben umsetzen und eine Überraschung erleben.

2. Orakel: Denke über Verantwortung nach, wenn du Kinder haben willst.

3. Orakel: Gehe zu den vier Astrologen und rufe Azarquiel an.

4. Orakel: Wenn du Verantwortung übernimmst, wird dir Zufriedenheit zuteil.

5. Orakel: Gehe zu den vier Naturgeistern und frage den Kobold.

6. Orakel: Die Person ist nicht so zuverlässig, wie du es dir wünschst, aber Freunde sehen das vielleicht anders.

7. Orakel: Gehe zu den vier Feen und frage Morgane.

8. Orakel: Du willst dich aus deiner gewohnten Umgebung nicht lösen.

9. Orakel:   Gehe zu den vier Patriarchen und frage Abraham.

**Die Macht der Fortuna**

1. Orakel: Du wirst sehr reich werden.

2. Orakel: Du wirst bald die Gelegenheit bekommen, Karriere zu machen. Eigne dir Führungsqualitäten an.

3. Orakel: Gehe zu den vier Astrologen und rufe Claudius Ptolemäus an.

4. Orakel: Ein Rechtsstreit kann vorteilhaft für dich sein, wenn du Beweise in der Sache hast.

5. Orakel: Gehe zu den Naturgeistern und frage die Meerjungfrau.

6. Orakel: Der verlorene Gegenstand wird dir zurückgebracht.

7. Orakel: Gehe zu den vier Propheten und frage Hosea.

8. Orakel: Das Glück ist bei der Suche nach einem Arbeitsplatz an deiner Seite.

9. Orakel:   Es steht noch nicht fest, aber alles was kommt, ist zu deinem Vorteil.

**Antworten – Teil 3: »Die Anrufung«**

Die Schicksalsmächte aus Teil 2 sind dem einen oder anderen Frager die Antwort schuldig geblieben und haben stattdessen die Anrufung empfohlen.

Alle noch offenen Fragen werden hier nun beantwortet werden.


**Die vier Elemente**

Feuer:
- Mit Arbeit wirst du dein gutes Auskommen haben.

Erde:
- Sei ehrlich zu dir und deinem Partner! Die Karriere ist dir wichtiger als Kinder.

Luft:
- Wenn du sparsam wirtschaftest, wirst du dein Vermögen mehren.

Wasser:
- Du wirst mit deinem Vorhaben keinen Erfolg haben. Überlege dir etwas, das besser zu dir passt.

**Die vier Winde**

Nordwind:
- Du musst dich weiterbilden, dann wirst du beruflich erfolgreich sein.

Südwind:
- Du wirst dein Vorhaben wieder fallen lassen und dir andere Ziele setzen.

Ostwind:
- Suche einen Beruf, bei dem du deine Kreativität ausleben kannst, dann wird sich alles fügen.

Westwind:
- Die Person wird zurückkommen.

**Die vier Jahreszeiten**

Frühling:
- Dein Leben wird so gut, wie du es dir einrichtest. Deine Einstellung zählt.

Sommer:
- Du wirst ein gutes Leben haben, wenn du deinen Reichtum erkennst.

Herbst:
- ➢ Spiele nicht, du verlierst sicher.

Winter:
- ➢ Ich sage dir, dieser Mensch ist nicht für dich bestimmt.

## Die vier Erzengel

Uriel:
- ➢ Du wirst mit deinem Leben zufrieden sein, wenn du dich nicht um die falschen Dinge bemühst.

Raphael:
- ➢ Du wirst in deinem Leben viel arbeiten und zufrieden sein.

Gabriel:
- ➢ Dieser Mensch kommt zurück, aber nicht für lange.

Michael:
- ➢ Das Glück im Spiel ist dir nicht sicher.

**Die vier Evangelisten**

Markus:
➢ Ein Rechtsstreit wird sich sehr lange hinziehen.
Johannes:
➢ Der Mensch kommt zurück, wenn du dich um ihn bemühst.
Matthäus:
➢ Strebe nicht nach schnellem Gewinn, du könntest deine Seele verlieren und vom Glück verlassen werden.
Lukas:
➢ Auch ohne Rechtsstreit wird dir Gerechtigkeit widerfahren.

**Die vier edlen Wahrheiten**

Nirodha:
➢ Du bist zu geizig, um dein Glück im Spiel zu versuchen.
Samudaya:
➢ Die Person kommt bald zurück.

Dukkha:
- Ein Rechtsstreit um die Sache lohnt sich nicht.

Magga:
- Die Person ist nicht immer zuverlässig, leihe ihr daher kein Geld.

**Die vier Naturkräfte**

Gravitation:
- Du wirst zu deinem Recht kommen, aber es bleibt ein bitterer Nachgeschmack.

Starke Kernkraft:
- Bemühe dich. Erfolg kommt, wenn du ausdauernd bist.

Schwache Kernkraft:
- Mach nur die Augen auf. Der Gegenstand ist ganz in deiner Nähe.

Elektromagnetismus:
- Die Person nimmt es mit der Wahrheit nicht so genau.

**Die Vier Astrologen**

Azarquiel:
- ➢ Der Mensch kommt zurück, aber erst wenn eine lange Zeit vergangen ist.

Placidus de Titis:
- ➢ Lasse dich von einem guten Rechtsanwalt beraten.

Johannes Keppler:
- ➢ Wem willst du etwas beweisen? Die Aussichten auf Erfolg sind jedenfalls gering.

Claudius Ptolemäus:
- ➢ Du wirst im Glücksspiel eine kleine Summe gewinnen.

**Die vier Gelehrten**

Sokrates:
- ➢ Dein Bemühen wird erfolgreich sein, wenn du nicht aufgibst.

Aristoteles:
- ➢ Das Verlorene bleibt verloren.

Platon:
> Die Person ist zuverlässig und verschwiegen.

Seneca:
> Suche nach Lösungen, nimm guten Rat an, dann wirst du von deinen Sorgen befreit werden.

**Die vier Pharaonen**

Tutanchamun:
> Wenn es ein Freund ist, ist die Person sehr zuverlässig, eine andere Person jedoch ist es nicht.

Ramses:
> Du musst noch länger an deinen Problemen arbeiten, wirst sie aber schließlich loswerden.

Hatschepsut:
> Der verlorene Gegenstand wird in Kürze gefunden werden.

Kleopatra:
> Manche Mühe ist erfolgreich, aber nicht im Sinne des Erhofften.

**Die vier Feen**

Melusine:
> ➢ Gönne den verlorenen Gegenstand einem anderen.

Morgane:
> ➢ Deine Mühe ist nicht vergebens, wenn du Wunsch und Realität in Übereinstimmung bringst.

Holda:
> ➢ Deine Sorgen sind von dir selbst verursacht, arbeite an dir, dann wird deine Lage besser werden.

Titania:
> ➢ Der verlorene Gegenstand wird dann gefunden werden, wenn du ihn nicht mehr suchst.

**Die vier Naturgeister**

Kobold:
> ➢ Der verlorene Gegenstand wird gefunden, aber kaum noch wiedererkannt werden.

Meerjungfrau:
- Ändere dich, dann werden deine Sorgen vergehen.

Djinn
- Durch die Unterstützung von anderen wirst du den gewünschten Arbeitsplatz bekommen.

Korrigan:
- Dein Seelenpartner wartet auf dich.

**Die vier Ritter**

Lancelot:
- Die Person, die du im Auge hast, ist nicht für dich bestimmt, aber du wirst von einer/einem anderen geliebt werden.

Gawein:
- Du musst dir erst darüber klar werden, welchen Beruf du in Zukunft ausüben willst.

Galahad:
- Ein Umzug löst nicht deine Probleme. Suche die wahren Ursachen und laufe der Lösung nicht wieder davon.

Parzival:
- ➢ Anderes ist jetzt wichtiger als die Suche nach einer neuen Partnerschaft.

**Die vier Sibyllen**

Die Sibylle von Delphi:
- ➢ Ziehe um und löse dich von altem Ballast. Es wird dich befreien.

Die Sibylle von Cumae:
- ➢ Es liegt ganz bei dir.

Die persische Sibylle:
- ➢ Gib nicht jeder Versuchung nach, wenn du dir ein Vermögen aufbauen willst. Fange an, zu sparen.

Die Sibylle von Erythrai:
- ➢ Eine Veränderung steht an.

**Die vier Propheten**

Jesaja:
- Du musst arbeiten, um dein Auskommen zu haben. Aber es wird dir Zufriedenheit bescheren.

Jeremia:
- Du wirst in einer glücklichen Partnerschaft leben.

Hesekiel:
- Du wirst überraschend zu Geld kommen. Handle dann weise.

Hosea:
- Deine finanzielle Situation wird sich langsam, aber stetig bessern.

**Die vier Patriarchen**

Moses:
- Hab Vertrauen. Es findet sich alles zur rechten Zeit.

Abraham:
- Du wirst einen Partner/eine Partnerin finden und eine Familie gründen.

Isaak:
- ➢ Sei bescheiden und beschränke dich.

Jacob:
- ➢ Es ergibt sich bald eine Gelegenheit.

## Das Tages-, Monats- und Jahresorakel

Mit dem folgenden Orakel können Sie Ihre Themen für einen bestimmten Tag, einen Monat oder für ein Jahr finden. Würfeln Sie am Geburtstag, erhalten Sie die Hauptthemen für Ihr neues Lebensjahr. Auch der Silvester eignet sich als Zeitpunkt für dieses Würfelorakel, um jeweils die wichtigsten Einflüsse für das neue Jahr zu sehen. Sie können aber auch jeden Monat die Würfel befragen und sogar täglich, wenn Sie dieses Spiel als Tagesorakel nutzen möchten.

**Vorgehensweise**
Es gibt sechs Gruppen mit jeweils elf Orakeltexten. Um das Orakel zu erhalten, genügen wieder zwei Würfel, und diesmal zählen alle Augen. Zuerst würfeln Sie mit einem einzigen Würfel. Die gewürfelte Zahl zeigt Ihnen die Gruppe, in der Sie ihren Orakelspruch suchen müssen. Anschließend würfeln Sie mit beiden Würfeln und addieren die Augen. Das Ergebnis bestimmt den Orakelspruch innerhalb dieser Gruppe.

**Ein Beispiel**
Kerstin will für den 03.04.2016 ein Tagesorakel würfeln. Mit einem Würfel allein würfelt sie drei

Augen. Anschließend würfelt sie mit beiden Würfeln eine Fünf und eine Vier, zusammen also neun Augen.

Kerstins Orakelspruch muss in Gruppe 3 gesucht werden, weil sie im ersten Wurf mit einem einzigen Würfel drei Augen gewürfelt hat. In dieser Gruppe findet sie ihr Tagesorakel unter »Neun Augen gewürfelt:«, weil sie mit beiden Würfeln zusammen neun Augen geworfen hat. Kerstin bekommt durch das Würfelorakel also folgenden Hinweis für ihren Tag: »Zeit für Erholung und Urlaub. Menschen aus der Vergangenheit können unerwartet wieder auftauchen, langjährige soziale Beziehungen allmählich zu Ende gehen.« Als Tagesorakel liegt der Schwerpunkt für den Tag sicherlich auf Erholung und Urlaub, aber auch die beiden anderen Hinweise können sich in kleinen Ereignissen widerspiegeln.

**Die Orakeltexte**

Die Texte für das Tages-, Monats- und Jahresorakel sind in sechs Gruppen eingeteilt, mit jeweils elf Themen. Insgesamt sind das sechsundsechzig unterschiedliche Orakel, auf die Ihr Würfellos fallen kann.

**Gruppe 1** (mit einem Würfel 1 Auge gewürfelt).

Mit zwei Würfeln:
Zwei Augen gewürfelt:
➢ Die Zeit ist reif. Deine Situation verändert und entwickelt sich. Du bekommst die Möglichkeit für einen Neubeginn.

Drei Augen gewürfelt:
➢ Lerne dich und deine Talente besser kennen. Um zu wachsen, musst du zwischen deinen eigenen Interessen und denen anderer unterscheiden.

Vier Augen gewürfelt:
➢ Eine Zeit der Prüfung, deine Geduld wird auf die Probe gestellt. Aber auch eine Zeit der Kreativität, in der du künstlerische Begabungen entwickeln kannst. In einer bestimmten Angelegenheit kann es Verzögerungen geben, zeige dich dennoch umgänglich und freundlich.

Fünf Augen gewürfelt:
- ➢ Setze deinen gesunden Menschenverstand ein und lege nicht jedes Wort auf die Goldwaage. Du solltest aufpassen, dass du niemanden bevormundest oder verletzt.

Sechs Augen gewürfelt:
- ➢ Vorsicht vor Extremen. Überprüfe deinen Umgang mit Risiko und Veränderung. Es kann sich ein Konflikt durch deinen Wunsch nach Freiheit und deiner Pflicht zur Disziplin ergeben. Versuche, beides in Ausgleich zu bringen.

Sieben Augen gewürfelt:
- ➢ Eine Zeit der Verantwortung. Achte auf dein Umfeld und nimm Rücksicht auf die Bedürfnisse anderer. Es kann Familienzuwachs geben oder ein Umzug in eine andere Wohnung geplant werden.

Acht Augen gewürfelt:
- ➢ Eine Zeit des Wachstums durch Erfahrungen. Stelle dich auf das Unerwartete ein. Du solltest auch deine Überzeugungen hinterfragen. Nutze die Möglichkeit, dich selbst zu finden.

Neun Augen gewürfelt:
- ➢ Hoffnungen können sich erfüllen. Du hast die Chance, dir etwas aufzubauen, das langfristig regelmäßige Einnahmen schafft.

Zehn Augen gewürfelt:
- ➢ Es besteht die Gefahr von Streitigkeiten und Täuschungen. Wappne dich. Aber das Licht am Ende des Tunnels ist nahe. Achte auf dein psychisches Befinden und setze deine Kraft für die gute Sache ein.

Elf Augen gewürfelt:
- ➢ Projekte können zum Abschluss gebracht werden. Ungelöstes aus der Vergangenheit kann endlich verdaut werden oder ein langwieriger Reifeprozess geht dem Ende entgegen.

Zwölf Augen gewürfelt:
- ➢ Es kommt eine Zeit starker Emotionen oder des Erwachens von Gefühlen. Partnerschaftsthemen stehen im Vordergrund. Hüte dich vor emotionalen Überreaktionen und Klammereffekten. Die Zeit ist gut geeignet, um sich mit Musik und Tanz zu beschäftigen.

**Gruppe 2** (mit einem Würfel 2 Augen gewürfelt)

Mit zwei Würfeln:
Zwei Augen gewürfelt:
> Chance für neue Perspektiven in Liebe und Erotik und auch eine gute Zeit, um die Kommunikation durch Gefühle zu bereichern. Es ist möglich, dass ein Partner auf dich und dein Umfeld Einfluss nimmt.

Drei Augen gewürfelt:
> Eine Zeit harter Arbeit. Du kannst dir Grundlagen schaffen, um darauf aufzubauen, solltest aber Risiken meiden. Bewahre dir einen klaren Kopf und strenge dich an.

Vier Augen gewürfelt:
> Nahestehende Menschen können dir Anstöße zu Veränderungen geben. Möglichkeit für weite Reisen und für vielfältige Begegnungen. Gefühl von Freiheit und Abenteuer. Bei Geschäftspartnerschaften sollten Risiken jedoch vermieden werden.

Fünf Augen gewürfelt:
> Liebe und familiäre Angelegenheiten stehen im Vordergrund. Möglichkeit einer Ehe, aber auch von Geschäftspartnerschaften. Bei vertraglichen Vereinbarungen das Kleingedruckte lesen. Unter-

scheiden lernen zwischen Unterstützung und Bevormundung.

Sechs Augen gewürfelt:
- ➢ Zeit, um Festgefahrenes in Bewegung zu bringen. Möglicherweise Veränderungen in der Partnerschaft und im Gefühlsleben. Rückzug und Selbstprüfung.

Sieben Augen gewürfelt:
- ➢ Der Partner und die häusliche Situation können die Finanzen beeinflussen. Immobilienerwerb ist möglich, wenn die Finanzierung klug geplant wird. Vermeide hohe Ausgaben aufgrund von Emotionen.

Acht Augen gewürfelt:
- ➢ Eine Zeit hoher Sensibilität, deshalb ist es wichtig, sich Klarheit über Gefühle zu verschaffen. Möglichkeit, sich spirituellen Dingen zuzuwenden. Stolpersteine können aus dem Weg geräumt werden, doch ist es keine gute Zeit, um Neues zu beginnen.

Neun Augen gewürfelt:
- ➢ Gute Chance auf finanzielle Unterstützung durch verlässliche Partner. Möglichkeit, sich im Beruf selbstständig zu machen. Jedoch Vorsicht vor allzu schnellen emotionalen Entscheidungen. Es könnte auch wichtig werden, darauf zu achten,

dass Partner nicht am Ende die finanzielle Kontrolle übernehmen.

Zehn Augen gewürfelt:
➢ Unerwartetes von außen. Partnerschaften können sich entweder stabilisieren oder auseinandergehen. Die eigenen Gefühle klären.

Elf Augen gewürfelt:
➢ Möglichkeit für neue Kontakte und für Flirts. Zeit, um das Leben zu genießen und die eigene Stimme zur Geltung zu bringen. Jedoch gilt es dabei, nicht leichtsinnig zu werden und Extreme in Freundschaften zu vermeiden.

Zwölf Augen gewürfelt:
➢ Möglichkeit, sich ein neues Image zuzulegen und sich besser darzustellen. Ratschläge solltest du annehmen und Verträge prüfen.

**Gruppe 3** (mit einem Würfel 3 Auge gewürfelt)

Mit zwei Würfeln:

Zwei Augen gewürfelt:
> Zeit, um Raum für interessante Kontakte zu schaffen und um Lebensfreude zu entwickeln. Kurze Reisen sind möglich. Eine Freundschaft kann sich in eine Liebesbeziehung wandeln.

Drei Augen gewürfelt:
> Jetzt wird der Umgang mit Kritik wichtig, und du könntest von allen Seiten in Anspruch genommen werden. Lass dich nicht in die Opferrolle drängen und sage, was du auf dem Herzen hast. Achte auf deine Gesundheit, um heil zu werden an Körper, Geist und Seele.

Vier Augen gewürfelt:
> Über Teamarbeit und Arbeitsteilung nachdenken. Wenn du Pläne schmiedest, lasse dich im Stillen inspirieren, aber halte dich noch bedeckt.

Fünf Augen gewürfelt:
> Es kommen Veränderungen, die von außen angestoßen werden und die finanzielle Situation beeinflussen. Chance, berufliche Führungsaufgaben zu übernehmen. Möglichkeit der Expansion durch finanzielle Investitionen, jedoch Vorsicht vor Misserfolg durch Unbesonnenheit.

Sechs Augen gewürfelt:
> Zeit, auszumisten – in den Schränken, aber auch im Freundes- und Bekanntenkreis. Freundschaften und Beziehungen, die sich überlebt haben, solltest du jetzt loslassen.

Sieben Augen gewürfelt:
> Zeit für rückhaltlose Offenheit und um Gelerntes anzuwenden. Seminare können besucht oder ein Roman geschrieben werden. Alles Schriftliche fließt leicht von der Hand. Vorsicht jedoch vor Recht-Haben-Wollen.

Acht Augen gewürfelt:
> Zeit für den großen Überblick. Andere können auf dem Weg zum Erfolg helfen. Unterstützung wird gewährt, aber man erwartet auch etwas von dir. Verleihe kein Geld, denn du würdest es wahrscheinlich nicht mehr zurückbekommen.

Neun Augen gewürfelt:
> Zeit für Erholung und Urlaub. Menschen aus der Vergangenheit können unerwartet wieder auftauchen, langjährige soziale Beziehungen allmählich zu Ende gehen.

Zehn Augen gewürfelt:
> Eine Zeit harter Arbeit, möglicherweise stehen Rechtsstreitigkeiten an. Bevor du etwas unterschreibst oder vertragliche Bindungen eingehst,

solltest du Fachleute einschalten. Tue auf jeden Fall etwas gegen den Stress, damit deine Kräfte nicht ausbrennen.

Elf Augen gewürfelt:
- ➢ Jetzt kannst du für schwierige Situationen Auswege finden und dir allmählich mehr Freiraum schaffen. Wenn du in einer Angelegenheit eine Entscheidung treffen musst, solltest du dich auf dein Bauchgefühl verlassen und nicht auf die Meinungen anderer hören.

Zwölf Augen gewürfelt:
- ➢ Nahestehende Menschen brauchen deine Unterstützung, und du musst Verantwortung übernehmen. Eine Beziehung könnte jetzt auf dem Prüfstand stehen. Falls es juristische Fragen gibt, sollten diese nun geklärt werden. Für Firmen besteht die Möglichkeit einer Fusion.

**Gruppe 4** (mit einem Würfel 4 Augen gewürfelt)

Mit zwei Würfeln:
Zwei Augen gewürfelt:
> Eine gute Zeit für Weiterbildung, aber auch, um nachzudenken und eine Weile mit sich allein zu sein. Vielleicht willst du andere Menschen aber zu sehr auf Abstand halten, und du könntest Gefahr laufen, zum Einzelgänger zu werden. Geh behutsam mit anderen um, ohne deine eigenen Bedürfnisse zu verleugnen.

Drei Augen gewürfelt:
> Zeit, um auf die Gesundheit zu achten, Druck abzubauen und einen Ausgleich für allzu viel Betriebsamkeit zu schaffen. Möglicherweise arbeitest du derzeit in mehreren Jobs oder an mehreren Fronten zugleich. Schau dir die Realität an und entscheide, was für dich und deine Gesundheit am besten ist.

Vier Augen gewürfelt:
> Eine Zeit von Stop and Go. Du bist unschlüssig, und es wird nur besser, wenn du dich von Mitgefühl für dich selbst und zu anderen leiten lässt. Veränderungen in Arbeit und Beruf können zur rechten Zeit die Voraussetzungen für neue Pläne schaffen.

Fünf Augen gewürfelt:
- ➢ Mit Herausforderungen kannst du jetzt besser umgehen, als zu anderen Zeiten. Also tue deine Pflicht. Es könnte sich die Möglichkeit ergeben, von zuhause aus zu arbeiten oder in einem Familienbetrieb mehr Verantwortung zu übernehmen.

Sechs Augen gewürfelt:
- ➢ Zeit, um grundlegende Überzeugungen zu hinterfragen und sich spirituell weiterzuentwickeln. Ein altes Beziehungsthema sollte jetzt bearbeitet und verdaut werden, damit du nicht immer wieder die gleichen Erfahrungen machen musst.

Sieben Augen gewürfelt:
- ➢ Es geht vorwärts. Zeige, was du kannst und denke positiv. Die Zeit ist auch günstig, um mit anderen zusammen an einem Strang zu ziehen.

Acht Augen gewürfelt:
- ➢ Etwas muss abgeschlossen werden, ehe Neues beginnen kann. Eine Ausbildung, die Schule, Studium oder die Berufstätigkeit geht zu Ende.

Neun Augen gewürfelt:
- ➢ Jetzt können Gedanken und Visionen Wirklichkeit werden. Eine Zeit großer Veränderungen und schnellen Wandels. Achte darauf, dass du

dich nicht verzettelst und Stress von dir fernhältst.

Zehn Augen gewürfelt:
- ➤ Eine Zeit der Bewegung, vor allem im privaten und familiären Bereich. Vieles ist möglich, sogar ein unverhoffter Gewinn. Wenn du dir ein Kind wünschst, kannst du jetzt schwanger werden. Wenn du Entscheidungen triffst, denke daran, dass du für dein Handeln die Verantwortung tragen musst.

Elf Augen gewürfelt:
- ➤ Finde deine persönliche Wahrheit und handle aus ehrlichen Motiven. Bleibe den eigenen Gefühlen treu. In Partnerschaften kann es stressige Veränderungen geben, und auch die Treue der Partner könnte ein Thema sein.

Zwölf Augen gewürfelt:
- ➤ Zeit, sich finanzielle Ziele zu setzen. Informiere dich, wie du mehr aus deinem Geld machen kannst, denke über sichere Geldanlagen nach, aber hüte dich vor Verschwendung und zu hohen Ausgaben. Deine Umwelt könnte dich in deinen Initiativen beeinflussen. Frage dich, ob das dir und deinen Zielen dient.

**Gruppe 5** (mit einem Würfel 5 Augen gewürfelt)

Mit zwei Würfeln:
Zwei Augen gewürfelt:
> Jetzt könnte sich eine Chance für einen Arbeitsplatzwechsel ergeben oder für berufliche Reisen. Beachte dann bei deinen Entscheidungen auch die Auswirkung auf andere. Ein Widerstreit zwischen Geduld und Ungeduld kann zur Unschlüssigkeit führen und birgt die Gefahr, den richtigen Zeitpunkt zum Handeln zu verpassen. Achte auf deinen Energiepegel.

Drei Augen gewürfelt:
> Es gibt viele gute Gelegenheiten, und du willst dir keine entgehen lassen. Möglicherweise fängst du alles Mögliche neu an, bleibst aber nicht dabei, weil du in deinen Wünschen unstet bist. Aber es ist eine gute Zeit, um zu experimentieren.

Vier Augen gewürfelt:
> Veränderungen im familiären Umfeld stellen dich vor Herausforderungen. Aber du hast die Möglichkeit, dich aus Krisensituationen zu befreien. Bewahre dir einen kühlen Kopf. Lass dich nicht aus der Ruhe bringen, sei gut zu dir und verfalle nicht aus Angst vor der Veränderung in Depres-

sionen. Auch wenn du es noch nicht siehst, du wirst einen großen Schritt weiterkommen.

Fünf Augen gewürfelt:
- Jetzt ist die Zeit, um über neue Ideen zu sprechen und sich die Meinung anderer anzuhören. Mit Begeisterung und Optimismus kommst du schnell vorwärts. Hüte dich aber vor dem Gedankenkarussell.

Sechs Augen gewürfelt:
- Eine Zeit mit viel Arbeit und wenig Freizeit. Chance, sich etwas aufzubauen, das finanziell erfolgreich werden kann. Jedoch sollten sich Vorsicht und Risikobereitschaft die Waage halten. Auch eine gute Zeit für Wohltätigkeit, die du dir leisten kannst.

Sieben Augen gewürfelt:
- Jetzt hat die Welle ihren Höhepunkt erreicht. Du kannst aufatmen. Die Situation beruhigt sich, und manche Dinge erledigen sich sogar von allein.

Acht Augen gewürfelt:
- Kümmere dich neben deinen Pflichten auch um dein eigenes Wohlergehen. Du brauchst ab und zu eine Pause. Achte darauf, dass dein Heim nicht zur Provokation gerät, sondern zu einem Hort des Friedens wird, der allen Familien-

mitgliedern wohltut. Gehe Ursachen von Streit sofort auf den Grund und kläre das Problem. Singles haben die Chance, überraschend schnell einen Partner finden.

Neun Augen gewürfelt:
- ➢ Lasse dich nicht von anderen überfordern. Neben Pflichten bietet das Leben auch anderes, und du brauchst jetzt Raum, um dich seelisch und körperlich zu stabilisieren. Wenn es notwendig ist, dann lerne Nein zu sagen.

Zehn Augen gewürfelt:
- ➢ Zeit, um Verantwortung zu teilen und um lukrative Chancen wahrzunehmen. Familienplanung oder Verbesserungen durch die Renovierung deiner Wohnung können jetzt im Vordergrund stehen. Achte darauf, wie du dein Geld einteilst, und wenn du etwas übrig hast, dann spende es Bedürftigen.

Elf Augen gewürfelt:
- ➢ Zeit, angesammelten Überfluss auszumisten und zu verschenken. Von Freundschaften und Beziehungen, die inhaltsleer geworden sind, kannst du dich jetzt leicht lösen.

Zwölf Augen gewürfelt:
- ➢ Zeit, den Alltag neu zu organisieren und Prioritäten zu setzen. Frage dich, was wirklich in

deiner Verantwortung liegt, sei es am Arbeitsplatz oder zuhause. Wenn du dich zu sehr eingeschränkt fühlst, musst du etwas unternehmen, um freier zu werden.

**Gruppe 6** (mit einem Würfel 6 Augen gewürfelt)

Mit zwei Würfeln:
Zwei Augen gewürfelt:
➢ Jetzt geht es um Nähe und Distanz. Jemand könnte in deine Privatsphäre eindringen oder dir im Gegensatz dazu Grenzen setzen. In der Familie könnte sich etwas verändern, sei es, dass ein Familienmitglied dazukommt oder eines weggeht.

Drei Augen gewürfelt:
➢ Es geht um den guten Ruf. Achte darauf, was du sagst. Hüte dich vor Wutausbrüchen, Neid und Rachsucht. Privates könnte an die Öffentlichkeit dringen, deshalb sieh zu, dass dir niemand etwas vorwerfen kann. Eine intensive Kommunikation ist möglich oder eine heilende Gesprächstherapie.

Vier Augen gewürfelt:
➢ Jetzt kannst du ohne abzuheben deine spirituellen Werte leben und dich geistig und seelisch stabilisieren. Bleibe mit beiden Beinen im Leben stehen und setze deine Pläne in die Tat um. Wenn körperlicher oder seelischer Druck auf dir lastet, dann tue dir selbst etwas Gutes und achte auf deine Gesundheit.

Fünf Augen gewürfelt:
- ➢ Eine Zeit der Expansion. Übernimm Verantwortung für deine Finanzen. Ein Immobilienerwerb ist jetzt möglich oder der gewinnbringende Verkauf von Immobilien. Reisen stehen an, entweder mit der Familie oder eine Geschäftsreise.

Sechs Augen gewürfelt:
- ➢ Eine Verpflichtung endet. Nutze die Zeit, um deine soziale Seite zu leben. Wenn du krank bist, dann setze dich mit den seelischen Ursachen deiner körperlichen Probleme auseinander.

Sieben Augen gewürfelt:
- ➢ Zeit der Innenschau und eine gute Gelegenheit, um das eigene Perfektionsbedürfnis zu hinterfragen. Leichter als sonst kannst du die unterschiedlichen Seiten von dir in deine Persönlichkeit integrieren. Spirituelle Grenzerfahrungen sind möglich.

Acht Augen gewürfelt:
- ➢ Deine Durchsetzung ist gefragt. Jetzt geht es darum, Initiative zu ergreifen und Risikobereitschaft zu zeigen. Bewahre dir deine Unabhängigkeit oder schaffe sie dir.

Neun Augen gewürfelt:
- ➢ Zeit, deine diplomatischen Fähigkeiten zu nutzen, wenn du weiterkommen willst. In engen

Beziehungen werden Sicherheit und Vertrauen wichtig. Höre auf dein Bauchgefühl.

Zehn Augen gewürfelt:

➢ Zeit, mehr unter Menschen zu gehen. Pflege deine Interessen und deine Freundschaften. Wenn du künstlerische Neigungen hast, kannst du deine Fähigkeiten jetzt ausbauen und du findest Förderer.

Elf Augen gewürfelt:

➢ Zuverlässigkeit und Leistungsbereitschaft werden wichtiger. Konzentriere dich auf deine Aufgaben und werde produktiv. Ein Vertrag, auf den du wartest, kommt bald.

Zwölf Augen gewürfelt:

➢ Du kannst in einer Angelegenheit Fortschritte machen und hast die Möglichkeit, dir mehr Freiraum zu schaffen. Du brauchst jetzt Abwechslung, und dein Bewegungsdrang ist erhöht. Jede Art von sportlicher Aktivität nützt dir jetzt.

## Über die Autorin

Die Autorin Angela Mackert, geboren im Jahr 1952 in Karlsruhe, ist geprüfte Astrologin DAV. Sie lebt und arbeitet in Ettlingen. Lange Jahre führte sie eine Schule für Astrologie, Kartenlegen und Numerologie, und viele ihrer ehemaligen Schüler sind heute in eigener Praxis als Astrologieberater, Kartenleger und/oder Numerologe tätig.

Als Expertin für Esoterik hat Angela Mackert bereits zahlreiche Lehrbücher veröffentlicht. Daneben gilt ihre Liebe jedoch auch der belletristischen Literatur. So schreibt sie auch Geschichten und Fantasy-Romane, die oft von einem mystischen und geheimnisvollen Flair durchzogen sind.

Dieses »Neuzeitliches Losbuch« erschien bereits im Jahr 2013 im TextLustVerlag unter dem Pseudonym der Autorin: »Kathrin Groje«. Es wurde 2016 für diese aktuelle Ausgabe unter ihrem Realnamen neu aufgelegt.

Mehr über die Autorin und ihre Bücher unter: www.angela-mackert.de

Angela Mackert
**Grundkurs Numerologie**
172 Seiten, Paperback
ISBN 978-3-7412-6163-3
*Auch als eBook erhältlich*

Mit Numerologie sein Schicksal erkennen.

Die Numerologie ist eine uralte Methode, mit der jeder sein Leben besser verstehen kann. Die aus dem Namen und Geburtstag eines Menschen errechneten Zahlen geben Aufschluss über den persönlichen Lebensweg mit seinen Chancen und Herausforderungen.

Mit diesem Buch lernen Sie nach der bewährten Methode von Angela Mackert die Berechnung und Deutung eines individuellen Numeroskops. Grundzahlen sowie Meisterzahlen werden ausführlich vorgestellt. Im Praxis-Teil haben Sie Gelegenheit für eigene Übungen, die Sie mit den Deutungen der Autorin vergleichen können. Tabellen mit Stichworten zu allen Zahlenkombinationen bis 99/9 runden dieses Lehrbuch ab und machen es so auch zu einem nützlichen Nachschlagewerk.

Angela Mackert
## Astrologie-Ausbildung
*Band 1: Planeten, Häuser, Tierkreiszeichen*
104 Seiten, Paperback
ISBN 978-3-8423-6323-6
*Auch als eBook erhältlich*

Jeder, der Interesse an der astrologischen Symbolsprache hat, kann die Deutung eines Radix erlernen, wenn er die richtige Anleitung dazu hat. Die Lehrbuchreihe »Astrologie-Ausbildung« will Ihnen eine solche Anleitung an die Hand geben. Sie umfasst 10 Bände und ist geeignet, wenn Sie die Deutung eines Geburtshoroskops im Selbststudium erlernen möchten, oder als begleitendes Material für Ihr Astrologiestudium an einer Astrologieschule.

Die Lehrbuchreihe ist aus langjähriger Unterrichtspraxis heraus entstanden. Schritt für Schritt werden Sie dahin geführt, ein Radix, das Geburtshoroskop, eigenständig aus ganzheitlicher Sicht zu deuten. Übungen, die Sie mit den Deutungen der Autorin vergleichen können, helfen Ihnen, das Gelernte zu vertiefen. Alle Bände dieser Reihe bauen aufeinander auf. Der Unterrichtsstoff beinhaltet im Schwerpunkt die psychologisch orientierte Astrologie und bezieht auch die karmische Sichtweise mit ein.

Band 1: »Planeten, Häuser und Tierkreiszeichen« wendet sich an den Astrologie-Einsteiger. Ziel ist die zusammenhängende Deutung der genannten drei Teile.